CON GRIN SUS CONOCIMIENTOS VALEN MAS

AF130537

- Publicamos su trabajo académico, tesis y tesina

- Su propio eBook y libro - en todos los comercios importantes del mundo

- Cada venta le sale rentable

Ahora suba en www.GRIN.com y publique gratis

Mejorando la Calidad de Quizes con Herramientas Innovadoras

Damir-Nester Saedeq

Bibliographic information published by the German National Library:

The German National Library lists this publication in the National Bibliography; detailed bibliographic data are available on the Internet at http://dnb.dnb.de.

ISBN: 9783389012918
This book is also available as an ebook.

© GRIN Publishing GmbH
Trappentreustraße 1
80339 München

All rights reserved

Print and binding: Books on Demand GmbH, Norderstedt, Germany
Printed on acid-free paper from responsible sources.

The present work has been carefully prepared. Nevertheless, authors and publishers do not incur liability for the correctness of information, notes, links and advice as well as any printing errors.

GRIN web shop: https://www.grin.com/document/1463600

Título: Quizes de alto grado de elaboración: Su uso docente en Educación Superior.

Title: Quizzes with a high level of elaboration: Their teaching use in Higher Education

Autor: Damir-Nester Saedeq

Notas del autor:
- ✓ Las referencias bibliográficas presentes en esta obra se encuentran acotadas según Normas Vancouver.

Author's notes:
- ➢ The bibliographical references present in this work are limited according to Vancouver Norms.

RESUMEN:

El presente ensayo académico proporciona una visión detallada sobre el uso de avanzado de la herramienta automatizada denominada "Quiz Creator", mientras hace alusión a otros productos informáticos que pueden destinarse a mejorar la calidad de los Quizes; se destaca la importancia de las plantillas en la apariencia profesional de los mismos, así como la variedad de formatos finales disponibles para la publicación de estos. Además, se explora el uso del sonido en los Quizes, detallando ventajas y desventajas de su empleo, y se recomienda el "Total Audio Converter" para la conversión de archivos de audio. Asimismo, se aborda la optimización de imágenes con "RIOT Portable" y "File Minimizer" para reducir el tamaño de los archivos sin comprometer la calidad. El ensayo ofrece una guía detallada sobre cómo utilizar estas herramientas para mejorar la presentación y funcionalidad de los Quizes, destacando la importancia de la creatividad y la innovación en el proceso educativo.

Palabras clave: Wondershare QuizCreator, plantillas, formatos finales, Total Audio Converter, formatos de audio, RIOT Portable, File Minimizer, compresión de imágenes, formatos de imágenes.

ABSTRACT:

This academic essay provides a detailed view on the advanced use of the automated tool called "Quiz Creator", while referring to other computer products that can be used to improve the quality of Quizes; The importance of templates in their professional appearance is highlighted, as well as the variety of final formats available for their publication. In addition, the use of sound in Quizes is explored, detailing advantages and disadvantages of its use, while "Total Audio Converter" is recommended for converting audio files. Likewise, image optimization is addressed with "RIOT Portable" and "File Minimizer" to reduce file size without compromising quality. The essay offers a detailed guide on how to use these tools to improve the presentation and functionality of Quizes, highlighting the importance of creativity and innovation in the educational process.

Keywords: Wondershare QuizCreator, templates, final formats, Total Audio Converter, audio formats, RIOT Portable, File Minimizer, image compression, image formats.

Tabla de contenido

INTRODUCCIÓN:

Esta es una historia hipotética que puede estar teniendo lugar hoy, en cualquier país de este mundo globalizado

En el rincón más olvidado de una pequeña ciudad, en un barrio portuario decadente, se alzaba un viejo y destartalado cibercafé que parecía detenido en el tiempo. En este lugar, un grupo peculiar de jóvenes e inexpertos docentes de nivel superior se reunía cada tarde después de impartir sus clases. Entre risas y susurros, compartían ideas y sueños sobre cómo hacer más interesante y desafiante el aprendizaje para sus estudiantes.

Un día, inspirados por la necesidad de innovar en sus métodos educativos, decidieron abrir sus computadoras portátiles y explorar juntos la Herramienta Quiz Creator de Wondershare. Con entusiasmo, se propusieron crear un Quiz que no solo desafiara a sus alumnos, sino que también los motivara a sumergirse en los temas más áridos y aburridos del plan de estudios, aquellos que eran aún impartidos de forma escolástica y demasiado ortodoxa.

Con ingenio y creatividad, cada uno aportó su granito de arena a la tarea; emergieron nuevas opiniones y novedosas formas de encabezar antiguas interrogantes, se abrió paso el talento creativo de aquellas frescas mentes y paso a paso la luz de aquellas nuevas formas de hacer inundó el vetusto lugar con una policromía interesante. Uno de estos docentes sugirió incluir mapas interactivos para que los estudiantes pudieran visualizar conceptos complejos de forma más clara. Otro propuso incorporar imágenes impactantes que ayudaran a recordar fechas clave y datos importantes. Un tercero, con su sentido del humor característico, sugirió añadir sonidos divertidos que premiaran con aplausos virtuales a quienes respondieran correctamente y con risas burlonas a quienes se equivocaran.

Así, entre risas, café caliente y el ligerísimo zumbido de las computadoras, este grupo de jóvenes docentes se sumergió en la creación de un Quiz revolucionario. Cada pregunta era cuidadosamente diseñada para desafiar la mente de los estudiantes y despertar su curiosidad. Cada detalle, desde la elección de las imágenes hasta la selección de los sonidos, estaba pensado para hacer del aprendizaje una experiencia gratificante y memorable.

Finalmente, tras horas de trabajo colaborativo y creatividad desbordante, el Quiz estaba listo. Con orgullo y emoción, los jóvenes docentes lo presentaron a sus alumnos algunos días más tarde. La reacción fue asombrosa: risas, sorpresa y entusiasmo llenaron el aula mientras los discentes se sumergían en el desafío interactivo creado por sus profesores.

Desde ese día, el viejo cibercafé del barrio portuario se convirtió en el lugar donde la magia del aprendizaje cobraba vida gracias al ingenio y la pasión de un grupo de jóvenes e inexpertos docentes decididos a transformar a la educación en una caja mágica de donde se podrá obtener siempre un nuevo recurso educativo, cargado de creatividad e innovación.

La presente historia se torna especialmente interesante cuando los jóvenes docentes, inspirados por el éxito del Quiz innovador, deciden llevar su creatividad un paso más allá. Animados por la idea de transformar la educación de una manera única y emocionante, deciden organizar un evento especial en el viejo cibercafé del barrio portuario.

Los docentes invitan a sus estudiantes a participar en un desafío creativo sin precedentes: un concurso de creación de nuevos Quizes. La premisa es sencilla pero emocionante: cada participante debe crear su propio Quiz imaginativo y original, que despierte la emoción y los deseos de estudiar de sus compañeros de clases, que sorprenda con retroalimentación precisa y útil, para que sea galardonado por los profesores que componen al tribunal del evento.

La interesante idea, una vez materializada, convierte al cibercafé en un escenario vibrante y lleno de energía, donde los jóvenes comparten sus Quizes llenos de colorido, información técnica novedosa, así como preguntas dotadas de un alto grado de complejidad y elaboración. Las variantes de nuevos Quizes cobran vida en las mentes de los discentes, obligándolos a aprender sobre la marcha, tanto acerca del Quiz Creator como acerca del contenido de sus propias carreras y asignatura, en un escenario innovador donde la imaginación es el único límite.

Los participantes comparten sus creaciones con entusiasmo y pasión, entre risas, aplausos y susurros de asombro. Cada Quiz es único y refleja la creatividad y el talento de quienes lo han creado. Los jóvenes docentes observan con orgullo cómo sus estudiantes se sumergen en un mar de emociones y experiencias a través de las palabras, las imágenes, los sonidos y la imaginación.

Al final del concurso, se respira un aire de inspiración y camaradería en el cibercafé. Los jóvenes docentes se dan cuenta de que la creatividad es una fuerza poderosa que puede transformar no solo la educación, sino también las vidas de quienes se atreven a explorarla. En ese momento, comprenden que juntos pueden seguir creando experiencias educativas innovadoras y significativas que impacten positivamente en el aprendizaje de sus estudiantes.

Así, en medio de risas y aplausos, los jóvenes docentes y sus estudiantes celebran el poder transformador de la creatividad y la imaginación, sabiendo que juntos pueden seguir diseñando Quizes extraordinarios que inspiren a otros a soñar en grande y a atreverse a ser diferentes.

DESARROLLO:

El autor del presente ensayo académico da a conocer por medio de este acápite, el uso de un conjunto de recursos nativos del Quiz Creator o de herramientas externas, que ha empleado a lo largo de su experiencia docente; para dotar a sus Quizes de un acabado y una calidad profesional. De igual forma, se hará alusión a los diferentes formatos finales que pueden adoptar los Quizes elaborados por medio del Quiz Creator.

Uso de las plantillas del Quiz Creator, su apariencia y funcionalidad.

Todo aquel entusiasta de los Quizes, que esté haciendo uso de la herramienta automatizada a la cual se hacer referencia en el presente ensayo académico; debe saber que sus plantillas constituyen un modo de aportar apariencia profesional al producto final, es decir: al Quiz.

Una plantilla es un esquema de diseño, compuesto de una selección de colores combinados, fuentes de texto, objetos y otros elementos; prediseñados por profesionales en forma de conjunto, para lograr un propósito estético y comunicacional determinado. Ejemplos en los que se usan plantillas: una presentación de ventas o el ambiente gráfico de una presentación en Power Point, destinados a impartir una clase dada. [1]

Las plantillas en general facilitan las tareas, las mecanizan, ahorrando mucho tiempo y disminuyendo la posibilidad de errores. Ayudan a la identificación de la institución, la carrera o la universidad en la que se ha preparado el **Quiz** y crean las condiciones para que todo lo que se coloque sobre ellas reciban tanta aceptación como ellas mismas. [1]

Los diferentes formatos que pueden adoptar los productos finales.

Uno de los últimos procesos que debe llevar a cabo el estudiante, consiste en la publicación de su **Quiz**. En este contexto, **publicar** significa **tornar disponible el Quiz a los participantes** (alumnos de una carrera dada u otros actores del proceso docente - educativo), ya sea como un archivo ejecutable desde cualquier computadora, como una página web (accesible desde un navegador), o como un paquete SCORM (accesible desde la plataforma para el aprendizaje en línea donde se encuentre insertado el **Quiz**).

Con este fin, es necesario un clic izquierdo desde el Menú "**Home**" en la opción "**Publish**" y hacer uso de la ventana de diálogo titulada "**Quiz Publishing**", desde la cual podrán manejarse todas las opciones de publicación disponibles en el Quiz-creator. A saber:

- **Publish on Quiz Creator online**: Permite acudir al sitio web del Quiz Creator y allí publicar el **Quiz** que se ha creado, desde allí se pueden acceder a estadísticas del uso del **Quiz**, entre otros elementos atractivos y utilidades del sitio.

- **Publish as a Flash Quiz for Web**: Permite crear una versión para web del **Quiz** que se ha creado.

- **LMS**: Permite crear módulos o paquetes SCORM para ser incrustados en Sistemas Gestores del Aprendizaje, como es el caso de Moodle.

- **CD/EXE**: Genera un archivo ejecutable desde cualquier computadora, que puede ser consultado por cualquier participante a menos que se le añadan restricciones.

Importancia, ventajas y desventajas del uso del sonido **en el formato y configuración del Producto Final.**

Su **Quiz** está casi listo. Ya ha organizado eficazmente la información que compartirá, la cual representa a la perfección la imagen de la asignatura. Pero aún siente que falta algo más... ¿qué podría ser? Tal vez deberías **incluir algún audio**, como una canción o una melodía, que acompañe su presentación de principio a fin. Sin embargo, por desconocimiento, los creadores de **Quizes** no logran explotar esta herramienta al máximo. [2]

Los formatos de audio se pueden dividir en 3 tipos principales: [3]

> Formato de audio sin compresión

> Formato de audio comprimido sin pérdidas

> Formato de audio comprimido con pérdidas

Archivos de audio recomendados para su uso en el Quiz:

- **MP3:** es un **formato de compresión de audio digital** desarrollado con **un algoritmo que reduce el tamaño del archivo considerablemente, aunque con una pequeña pérdida de calidad.** Aun así, es uno de los formatos de audio más usado en computadoras y en reproductores portátiles. [3]

Otros formatos de audio que encontrarás en Internet:

- **Mp4:** es técnicamente lo que se conoce como MPEG-4 Parte 14. Es un **formato de archivo comprimido**, este formato define cómo se pueden contener en el archivo las pistas de audio y de vídeo (llamados data streams) en diversos formatos, y puede incluso contener subtítulos también. Es un **archivo de audio codificado con codificación de audio avanzada** (AAC), que implica una **compresión con pérdida** en casi todos los casos. [4]

- **Wav:** Uno de los tipos de formato de audio más comunes es WAV, que son las siglas de Waveform Audio File Format. El formato de audio WAV fue desarrollado por Microsoft e IBM en 1991. Mucha gente asume que todos los archivos WAV son archivos de audio sin comprimir, pero eso no es exactamente cierto. [5]

- **TTA:** son las siglas de **True Audio** (audio verdadero). Es un compresor de audio **sin pérdidas** en tiempo real, gratuito, basado en filtros de pronóstico adaptativos. TTA ofrece niveles de compresión de hasta un 30% del tamaño original del archivo. [6]

Ventajas y desventajas del uso del sonido **en el formato y configuración del Producto Final.**

Algunas ventajas: [7]

> Con un adecuado uso del sonido se logra que los Alumnos capten mejor las ideas que se quieren transmitir. [7]

> El proceso de aprendizaje se hace más dinámico y menos aburrido, ya que sobre un determinado tema se muestran imágenes fijas, acompañado con sonidos, música, y textos de diversos tipos. [7]

> Un sonido agradable de fondo potencia la tendencia que tienen los estudiantes de utilizar de manera permanente estos sistemas, así les es más fácil entender y aprender cualquier tema que se les haga llegar por estos medios. [7]

Desventajas: (según experiencias personales del autor del presente ensayo académico)

> Un mal manejo del volumen del sonido puede convertir al mismo en un elemento distractor.

> Uno o varios ficheros de sonido incrustados en un archivo EXE de un **Quiz** puede tornar muy pesado al mismo.

> Los alumnos con dificultades en el manejo de las TIC (tecnologías de la información y las comunicaciones) pueden encontrar incómodo el manejo de las funciones de audio del **Quiz.**

> Archivos sometidos a una excesiva compactación (con pérdidas) aportarán un audio de deficiente calidad, que puede interpretarse como ruido o resultar desagradable.

Aplicación de gran utilidad para convertir sus archivos de audio: [8]

Aplicación "Total Audio Converter": Es una aplicación portable que ha sido diseñada para cambiar el formato de todos los archivos de audio en cualquier momento y en cualquier lugar sin necesidad de instalar nada en el equipo (software portable). [8]

Esta herramienta está capacitada para convertir cualquier canción o grabación a formato MP3, AAC, AAC HE, AC3, MusePack, Ogg Vorbis, Opus, WMA, DTS, ALAC, FLAC, Monkey Audio, TAK, TTA, WavPack, AIFF y PCM. [8]

El Total Audio Converter es un programa multiproceso, por lo que ejecutará varios codificadores simultáneamente para reducir el tiempo de duración de la conversión. [8]

Con este software no sólo podrás cambiar el formato de tus archivos de audio sino que también incluye una gran funcionalidad para extraer la pista sonora de tus pistas de vídeo aunque éste tenga varios canales de sonido. Todo lo que necesitas de un conversor de audio lo tienes con TAudioConverter Portable. [8]

¿Cómo funciona este programa?

> ➤ Con sólo añadir el fichero que se deberá convertir a la ventana principal y elegir la extensión del archivo de salida, tendrás tus carpetas y audios en el formato que necesites y en sólo un par de segundos.

Uso de imágenes altamente optimizadas **para tornar más ligero y portable nuestro Quiz. Empleo del "RIOT Portable".** [9]

¿Qué es RIOT?

RIOT, (Radical Image Optimization Tool, por sus siglas en inglés) o según su significado en español: "Herramienta para la optimización radical de imágenes"; es una aplicación que permite ajustar los parámetros de visualización de las imágenes a su tamaño mínimo, sin alterar demasiado la calidad de la misma. Posee como particularidad una visión dual de la imagen, esto significa que podemos ver la imagen original con su tamaño real antes de la optimización y al lado el resultado, permitiendo al usuario una comparación con respecto a la imagen original y su resultado. [9]

Características notables del RIOT

RIOT nos permite optimizar casi cualquier tipo de imagen, sea fotos en alta definición o imágenes con un nivel de detalle muy alto. Además, entrega al usuario la posibilidad de elegir en que formato guardar. Entre los formatos más conocidos tenemos, PNG, JPG y GIF. [9]

El método de compresión de archivos que utiliza esta herramienta, garantiza hasta un 50% o 70% del tamaño original de la imagen. Y ofrece funcionalidades básicas de imágenes tales como rotar, contraste y brillo. Nótese que se trata de un software gratuito y portable, en algunas de sus versiones. [9]

Cómo hacer uso de la herramienta: (según experiencias y vivencias propias del autor del presente ensayo)

- Se aplica doble clic sobre el archivo ejecutable.

- En la parte izquierda, el sistema nos muestra la imagen original, mientras que en la derecha aparece la imagen optimizada. Para nuestro ejemplo tomaremos una imagen cualquiera. Para ello nos dirigimos al menú superior izquierdo y hacemos clic en Open. Elegimos nuestra imagen y damos clic en abrir.

- Una vez realizado este proceso, veremos que el sistema nos mostrará la imagen original por el lado izquierdo mientras que a la derecha quedará la imagen optimizada y en su parte superior se indicará el tamaño de la misma luego de la optimización.

- Exploremos, antes de salvar, las opciones que ofrece el sistema. Para poder validar el proceso debemos de hacer clic en "Save" y luego se nos muestra una ventana la cual nos pregunta si deseamos cambiar la imagen original por la optimizada, en nuestro caso la renombramos para conservar la original y aplicamos la opción guardar.

El File Minimizer para la compactación por lotes de diversos formatos de imágenes

File Minimizer: Es una aplicación gratuita, portable (en algunas de sus versiones) y descargable de Internet, con la cual se pueden comprimir imágenes de muy variados formatos (jpg, jpeg, bmp, gif, png, etcétera) para optimizar drásticamente el tamaño del archivo sin pérdidas sensibles de calidad, lo cual se logra con la aplicación de ciertos algoritmos de compresión. La reducción de tamaño obtenida en las imágenes hace que las mismas sean más fáciles de compartir con otras personas, especialmente cuando se hace a través de redes sociales como Facebook. La compañía desarrolladora de este software es "**Balesio**", quien ha recibido buenas valoraciones de este producto en sitios de descargas. [10]

"**Balesio**" es un fabricante de soluciones líderes para la optimización de datos no estructurados y de la tecnología pionera NFO (native file optimization, por sus siglas en inglés) lo cual puede traducirse como: optimización del archivo nativo, toda vez que por medio de dicha tecnología se conservan al mismo tiempo el formato y la calidad del archivo original optimizado. [11]

Características del File Minimizer que garantizan su utilidad: [10]

- Compresión de archivos JPEG hasta en un 98%: reduce el tamaño de archivos JPEG de 5MB a 0,1MB

- Comprime también imágenes en el formato JPG, BMP, GIF, TIFF, PNG y EMF

- Preserva el formato original – no necesita una descompresión

- Batch Process: posibilidad de optimizar más imágenes y álbumes de fotos a la vez.

- Puedes optar entre 4 niveles diferentes de compresión

- Integración con Facebook: permite comprimir fotos para subirlas directamente a Facebook

- Función integrada de búsqueda: podrás encontrar todas las fotos de tu computador disponibles para comprimir

- Compatible con Windows 7

- Ofrece Configuraciones avanzadas de compresión para profesionales.

¿Cómo procesar un conjunto de imágenes por medio del File Minimizer? (según experiencias y vivencias propias del autor del presente ensayo)

1.- Ejecutar la aplicación por medio de un doble click en su archivo ejecutable.
2.- Clic sobre la opción abrir archivos.
3.- Localizar los archivos que serán optimizados.
4.- Ajuste la razón de compresión deseada.
5.- De clic sobre la opción "optimizar archivos".
6.- Revisar los archivos optimizados para comprobar su estado final.

El autor del presente estudio, a través de su propia experiencia personal, ha podido constatar que existe un conjunto clave de elementos a considerar, en lo tocante al diseño gráfico y sus elementos básicos, que juegan un papel importante en la creación de quizzes y otras aplicaciones automatizadas. Aquí se destacan también otros factores; tales como la observación, investigación, análisis, testing, ajustes y modelados como fases propias del proceso de diseño. En este ámbito, los especialistas mencionan aspectos que no se deben soslayar: como la selección de colores, el uso de formas, la importancia del espacio y la tipografía en el diseño gráfico. En el contexto de las aplicaciones automatizadas, se resalta la relevancia de un diseño visual e interactivo que permita una experiencia de usuario agradable. A continuación, se delinean algunos de estos elementos:

¿Qué deberíamos entender por "Diseñar"?

El diseño es un **proceso previo de configuración mental**, «**prefiguración**», en la búsqueda de una solución en cualquier campo. **Diseñar requiere consideraciones funcionales, estéticas y simbólicas.** Este proceso contempla numerosas fases, a saber: (12

- Observación.
- Investigación.
- Análisis.
- Testado o testing (comprobación).
- Ajustes.
- Modelados (físicos o virtuales mediante programas informáticos). (12)

Elementos básicos del diseño gráfico y su importancia en la creación de "Quizes".

1. **Cuando debas seleccionar tonos para un proyecto**, considera los colores que aparecen totalmente enfrentados o contiguos en el círculo cromático, ya que estos suelen crear las combinaciones más agradables. (13)

2. **Uso de las formas**: Cuando trabajes en un diseño, ten en cuenta tanto las formas que estás decidido a incorporar (formas positivas) como las que se crean naturalmente alrededor de esas otras formas (formas negativas). (14)

Las formas no solo están dirigidas al aprendizaje de los alumnos de preescolar. Una forma se puede explicar en líneas generales como cualquier cosa que está definida por límites. (14)

3. En ocasiones, menos, es más. Lo simple es bueno mientras que el objeto ampliamente elaborado puede parecer "sobrecargado" y resultar desagradable a la vista o no armonizar con el conjunto en el cual se encuentra o del que constituye una parte. Por ejemplo:

4. **Uso del espacio**: El espacio es exactamente lo que parece: las áreas vacías entre los elementos de un diseño. Cuando se trata de crear diseños propios de aspecto profesional, a veces, lo que no se incluye es tan importante como lo que sí se incluye. (14)

Consideraciones y corolarios emanados de la experiencia del autor del presente estudio: El diseño, tanto gráfico como de aplicaciones automatizadas, es un proceso fundamental que implica una cuidadosa planificación y consideración de diversos elementos. En el ámbito del diseño gráfico, la selección de colores es crucial, sugiriendo la elección de tonos enfrentados o contiguos en el círculo cromático para lograr combinaciones visualmente agradables.

Asimismo, el uso de formas, tanto positivas como negativas, desempeña un papel significativo en la creación de composiciones equilibradas y atractivas. La simplicidad en el diseño se destaca como un principio efectivo, ya que la sobrecarga visual puede resultar desagradable y afectar la legibilidad.

Por otro lado, en el diseño de aplicaciones automatizadas, se enfatiza la importancia del aspecto visual e interactivo para garantizar una experiencia de usuario satisfactoria. La tipografía juega un papel crucial, recomendando el uso de tipografías sin serifas y tamaños adecuados para facilitar la lectura y la jerarquía visual.

El espacio en pantalla y la alineación son consideraciones clave para asegurar la visualización correcta en diferentes dispositivos, mientras que el uso moderado de imágenes personaliza la aplicación y refuerza su identidad corporativa. En resumen, tanto en el diseño gráfico como en el diseño de aplicaciones automatizadas, la atención a los detalles, la armonía visual y la funcionalidad son elementos esenciales para crear productos atractivos y efectivos. La combinación de colores, formas, simplicidad, tipografía adecuada y uso inteligente del espacio y las imágenes son pilares fundamentales para lograr diseños visualmente atractivos, funcionales y adaptados a las necesidades de los usuarios.

CONCLUSIONES en Español:

En el presente ensayo académico se destaca la importancia de la creatividad y la innovación en el diseño de Quizes educativos, evidenciando cómo el uso de herramientas como el Quiz Creator de Wondershare, en conjunción con otros recursos externos, pueden transformar la experiencia de aprendizaje. La narrativa de los jóvenes docentes y sus estudiantes refleja cómo la colaboración, la experimentación y la búsqueda constante de nuevas formas de enseñanza pueden impactar positivamente en el proceso educativo. Se resalta la relevancia de elementos como las plantillas en la apariencia profesional de los Quizes, la variedad de formatos finales disponibles para la publicación de los mismos, y el uso del sonido para enriquecer la experiencia de aprendizaje. Se exploran las ventajas y desventajas del sonido en el formato y configuración del producto final, así como la importancia de optimizar imágenes para hacer los Quizes más ligeros y portables. Otra conclusión importante es la capacidad transformadora de la creatividad y la imaginación en la educación, demostrada a través del concurso de creación de nuevos Quizes organizado por los docentes y sus estudiantes. Este evento especial resalta cómo la creatividad puede inspirar a los estudiantes a explorar nuevas formas de aprendizaje y a atreverse a ser diferentes, generando un ambiente de camaradería y colaboración en el proceso educativo. La experimentación con nuevas ideas y la búsqueda constante de formas creativas de enseñanza son aspectos clave que emergen del presente análisis, mostrando cómo la educación puede ser transformada y convertirse en una experiencia dinámica y enriquecedora para todos los involucrados.

See next page for conclusions in English.

CONCLUSIONS in English:

This academic essay highlights the importance of creativity and innovation in the design of educational Quizes, evidencing how the use of tools such as Wondershare's Quiz Creator, in conjunction with other external resources, can transform the learning experience. The narrative of the young teachers and their students reflects how collaboration, experimentation and the constant search for new ways of teaching can positively impact the educational process. The relevance of elements such as templates in the professional appearance of the Quizes, the variety of final formats available for their publication, and the use of sound to enrich the learning experience are highlighted. The advantages and disadvantages of sound in the format and configuration of the final product are explored, as well as the importance of optimizing images to make Quizes lighter and more portable. Another important conclusion is the transformative capacity of creativity and imagination in education, demonstrated through the competition to create new Quizes organized by teachers and their students. This special event highlights how creativity can inspire students to explore new ways of learning and dare to be different, creating an environment of camaraderie and collaboration in the educational process. Experimentation with new ideas and the constant search for creative ways of teaching are key aspects that emerge from this analysis, showing how education can be transformed and become a dynamic and enriching experience for everyone involved.

Vea la página anterior para las conclusiones en idioma Español.

Referencias Bibliográficas:

1.- Centurio P, Ortiz M. ¿Qué es una plantilla o machote y cómo sirve en diseño gráfico? [Internet]. Remolachacdmx. 2021 [citado 27 de marzo de 2024]. Disponible en: https://comoremolacha.wordpress.com/2021/03/30/que-es-una-plantilla-o-machote-y-como-sirve-en-diseno-grafico/

2.- Lenis A. hubspot. 2021 [citado 27 de marzo de 2024]. 15 bancos de música gratuita para tus presentaciones de PowerPoint. Disponible en: https://blog.hubspot.es/marketing/musica-para-presentaciones-gratis

3.- Grupo Atico 34. 18 tipos de formato de audio y sus características [Internet]. Proteccciondatos-lopd. 2020 [citado 27 de marzo de 2024]. Disponible en: https://proteccciondatos-lopd.com/empresas/tipos-formato-audio/

4.- Wikipedia. MPEG-4. En: Wikipedia, la enciclopedia libre [Internet]. 2023 [citado 27 de marzo de 2024]. Disponible en: https://es.wikipedia.org/w/index.php?title=MPEG-4&oldid=155497945

5.- Wikipedia. Waveform Audio Format. En: Wikipedia, la enciclopedia libre [Internet]. 2023 [citado 27 de marzo de 2024]. Disponible en: https://es.wikipedia.org/w/index.php?title=Waveform_Audio_Format&oldid=154497081

6.- Wikipedia. True Audio Códec. En: Wikipedia, la enciclopedia libre [Internet]. 2024 [citado 27 de marzo de 2024]. Disponible en: https://es.wikipedia.org/w/index.php?title=True_Audio_C%C3%D3dec&oldid=157084726

7.- AulaFacil. Ventajas y desventajas. 2021 [citado 1 de abril de 2024]. Ventajas y Desventajas - Uso de Sistemas Multimedia en la Enseñanza. Disponible en: https://www.aulafacil.com/cursos/didactica/uso-de-sistemas-multimedia-en-la-ensenanza/ventajas-y-desventajas-l28383

8.- Loren. Portables. muchosportables. 2023 [citado 1 de abril de 2024]. Total Audio Converter v6.1.0.263 Español Portable. Disponible en: https://www.muchosportables.com/total-audio-converter-v6-1-0-263-espanol-portable/

9.- Xnettix. Cómo optimizar nuestras imágenes utilizando RIOT (Radical Image Optimization Tool) [Internet]. Xnettix. Perú. 2022 [citado 1 de abril de 2024]. Disponible en: https://www.nettix.com.pe/documentacion/varios/como-optimizar-nuestras-imagenes-utilizando-riot-radical-image-optimization-tool/

10.- Download.it-FILEminimizer Pictures. Download.it. 2023 [citado 1 de abril de 2024]. FILEminimizer Pictures descargar gratis. Disponible en: https://fileminimizer-pictures.es.download.it/

11.- Herraez A. Tecnología NFO de Balesio AG [Internet]. Micromouse. 2011 [citado 1 de abril de 2024]. Disponible en: https://www.micromouse.com/2011/06/21/tecnologia-nfo-de-balesio-ag/

12.- Diseño - Sosteniblepedia. Sosteniblepedia, para el desarrollo sostenible y la regeneración. 2023 [citado 2 de abril de 2024]. Diseño, etimología, arte u oficio y otras consideraciones. Disponible en: https://www.sosteniblepedia.org/index.php/Dise%C3%B1o

13.- Wikipedia. La enciclopedia libre. Teoría del color. En: Wikipedia, la enciclopedia libre [Internet]. 2024 [citado 2 de abril de 2024]. Disponible en: https://es.wikipedia.org/w/index.php?title=Teor%C3%ADa_del_color&oldid=159176461

14.- Virtual.urbe.edu. Fase II, desarrollo. Bases teóricas [Internet]. Universidad privada. Dr. Rafael Belloso Chasín; [citado 2 de abril de 2024]. Disponible en: https://virtual.urbe.edu/tesispub/0089393/fase02.pdf

15.- Look and feel. En: Wikipedia, la enciclopedia libre [Internet]. 2023 [citado 2 de abril de 2024]. Disponible en: https://es.wikipedia.org/w/index.php?title=Look_and_feel&oldid=154785092

Nota del autor: Las referencias bibliográficas presentes en esta obra se encuentran acotadas según Normas Vancouver.

Author's note: The bibliographical references present in this work are given according to Vancouver Norms.

CON GRIN SUS CONOCIMIENTOS
VALEN MAS

- Publicamos su trabajo académico,
  tesis y tesina

- Su propio eBook y libro - en todos
  los comercios importantes del mundo

- Cada venta le sale rentable

Ahora suba en www.GRIN.com
y publique gratis